C0-BVW-723

CONVOLUTE OF
VOL. II,
SLIDES NO. 4,
PHYSIOLOGICAL
CIRCA.......

Los NIÑOS Y LA CIENCIA

Los cambios de la Tierra

Cómo el

AGUA
da forma a la Tierra

Jared Siemens

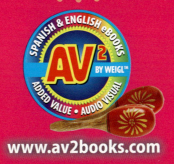

SPANISH & ENGLISH eBOOKS
AV²
BY WEIGL™
ADDED VALUE · AUDIO VISUAL
www.av2books.com

ROUND LAKE AREA
LIBRARY
906 HART ROAD
ROUND LAKE, IL 60073
(847) 546-7060

Visita nuestro sitio www.av2books.com
e ingresa el código único del libro.
Go to www.av2books.com, and enter this
book's unique code.

CÓDIGO DEL LIBRO
BOOK CODE

C272775

AV² de Weigl te ofrece enriquecidos libros
electrónicos que favorecen el aprendizaje activo.
AV² by Weigl brings you media enhanced books that
support active learning.

El enriquecido libro electrónico AV² te ofrece una experiencia bilingüe completa entre el inglés y el español para aprender el vocabulario de los dos idiomas.

This AV² media enhanced book gives you a fully bilingual experience between English and Spanish to learn the vocabulary of both languages.

Spanish

English

Navegación bilingüe AV²
AV² Bilingual Navigation

OPCIÓN DE IDIOMA
LANGUAGE TOGGLE

CAMBIAR LA PÁGINA
PAGE TURNING

CERRAR
CLOSE

INICIO
HOME

VISTA PRELIMINAR
PAGE PREVIEW

Copyright ©2016 AV² de Weigl. Library of Congress Cataloging-in-Publication Data se encuentra en la página 24.
Copyright ©2016 AV² by Weigl. Library of Congress Cataloging-in-Publication Data is located on page 24.

ÍNDICE

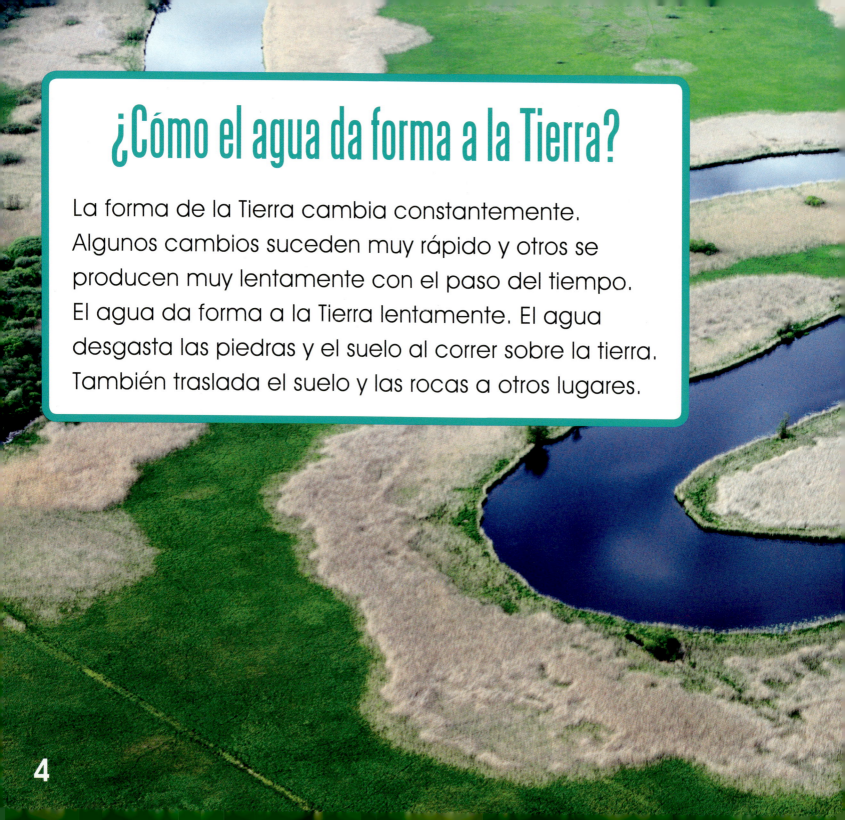

¿Cómo el agua da forma a la Tierra?

La forma de la Tierra cambia constantemente. Algunos cambios suceden muy rápido y otros se producen muy lentamente con el paso del tiempo. El agua da forma a la Tierra lentamente. El agua desgasta las piedras y el suelo al correr sobre la tierra. También traslada el suelo y las rocas a otros lugares.

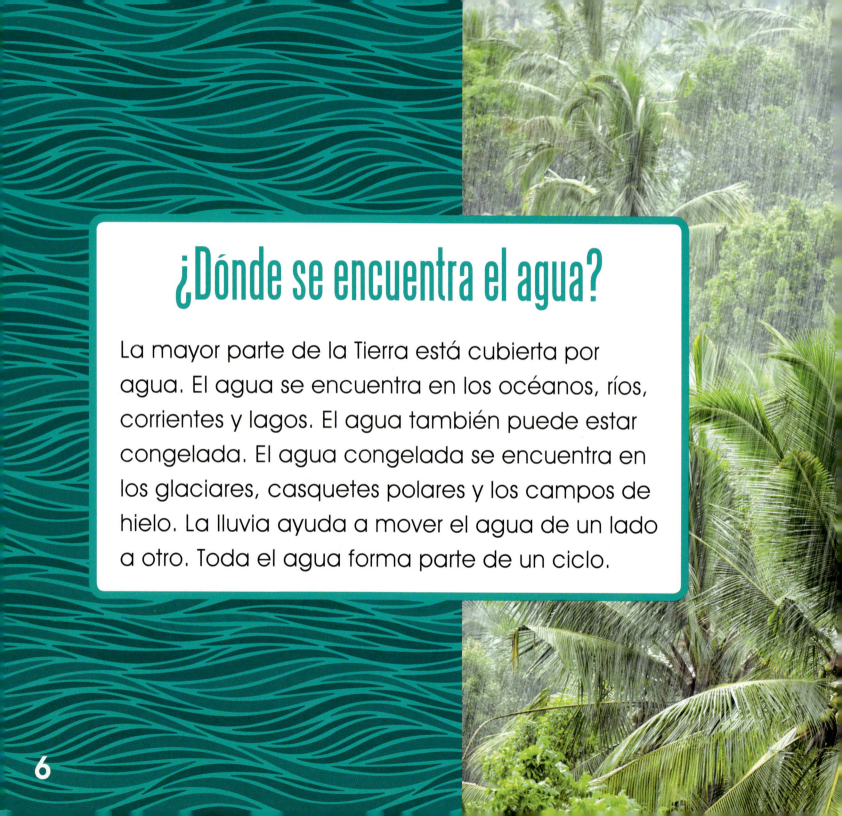

¿Dónde se encuentra el agua?

La mayor parte de la Tierra está cubierta por agua. El agua se encuentra en los océanos, ríos, corrientes y lagos. El agua también puede estar congelada. El agua congelada se encuentra en los glaciares, casquetes polares y los campos de hielo. La lluvia ayuda a mover el agua de un lado a otro. Toda el agua forma parte de un ciclo.

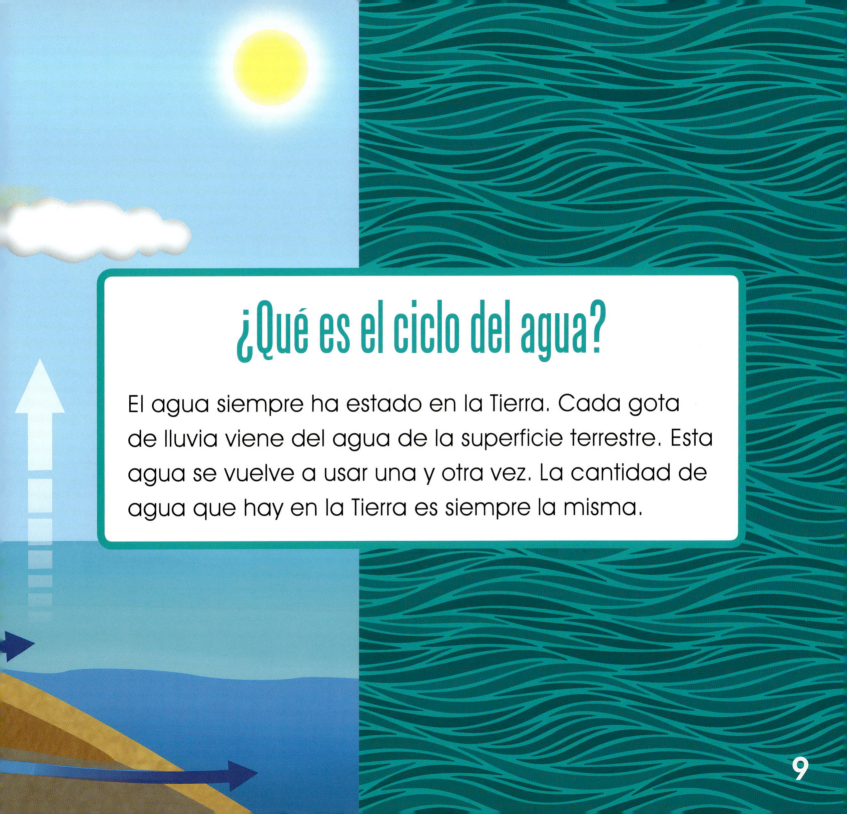

¿Qué es el ciclo del agua?

El agua siempre ha estado en la Tierra. Cada gota de lluvia viene del agua de la superficie terrestre. Esta agua se vuelve a usar una y otra vez. La cantidad de agua que hay en la Tierra es siempre la misma.

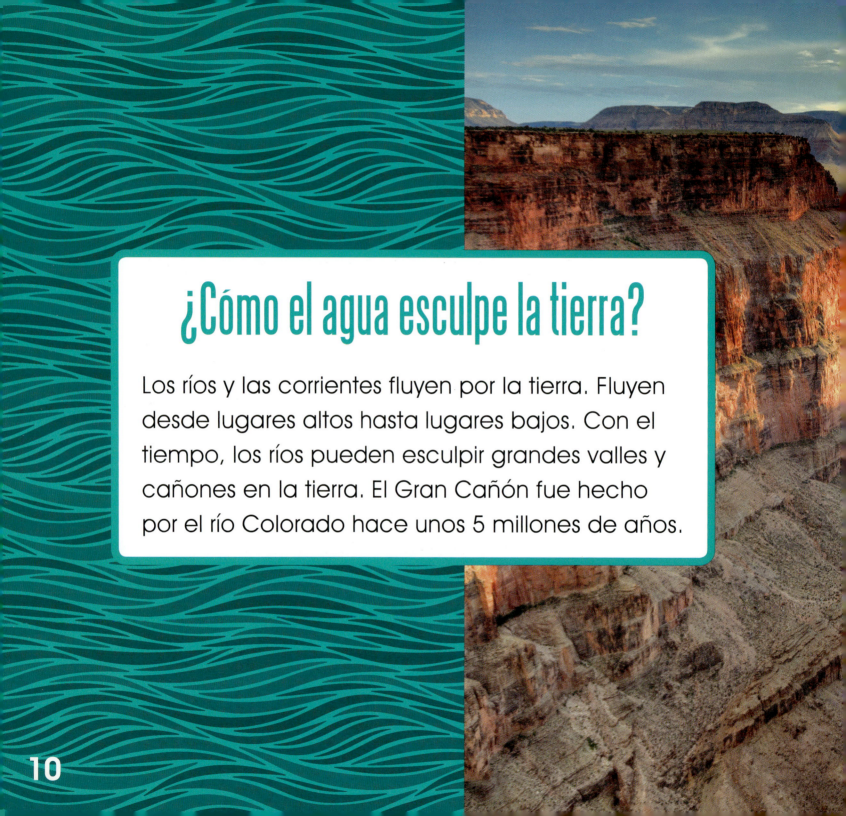

¿Cómo el agua esculpe la tierra?

Los ríos y las corrientes fluyen por la tierra. Fluyen desde lugares altos hasta lugares bajos. Con el tiempo, los ríos pueden esculpir grandes valles y cañones en la tierra. El Gran Cañón fue hecho por el río Colorado hace unos 5 millones de años.

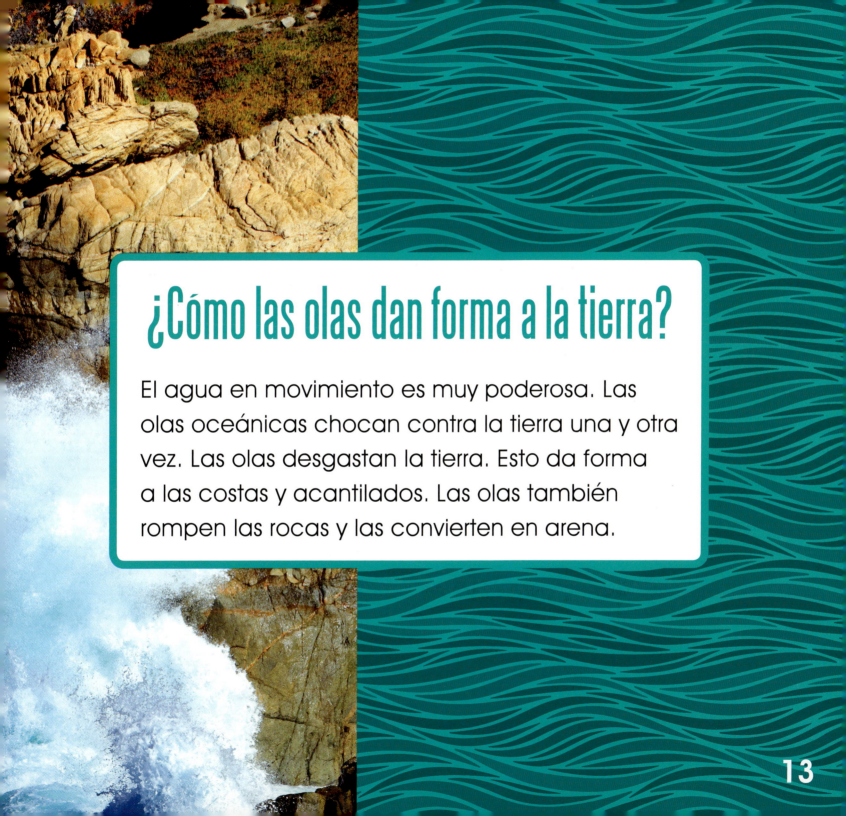

¿Cómo las olas dan forma a la tierra?

El agua en movimiento es muy poderosa. Las olas oceánicas chocan contra la tierra una y otra vez. Las olas desgastan la tierra. Esto da forma a las costas y acantilados. Las olas también rompen las rocas y las convierten en arena.

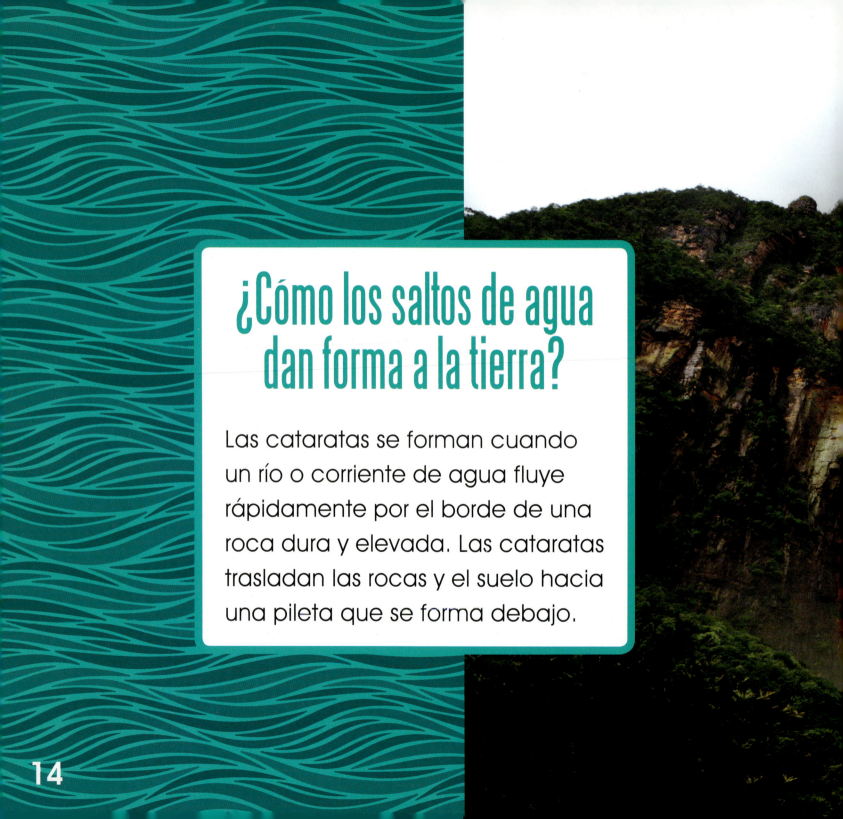

¿Cómo los saltos de agua dan forma a la tierra?

Las cataratas se forman cuando un río o corriente de agua fluye rápidamente por el borde de una roca dura y elevada. Las cataratas trasladan las rocas y el suelo hacia una pileta que se forma debajo.

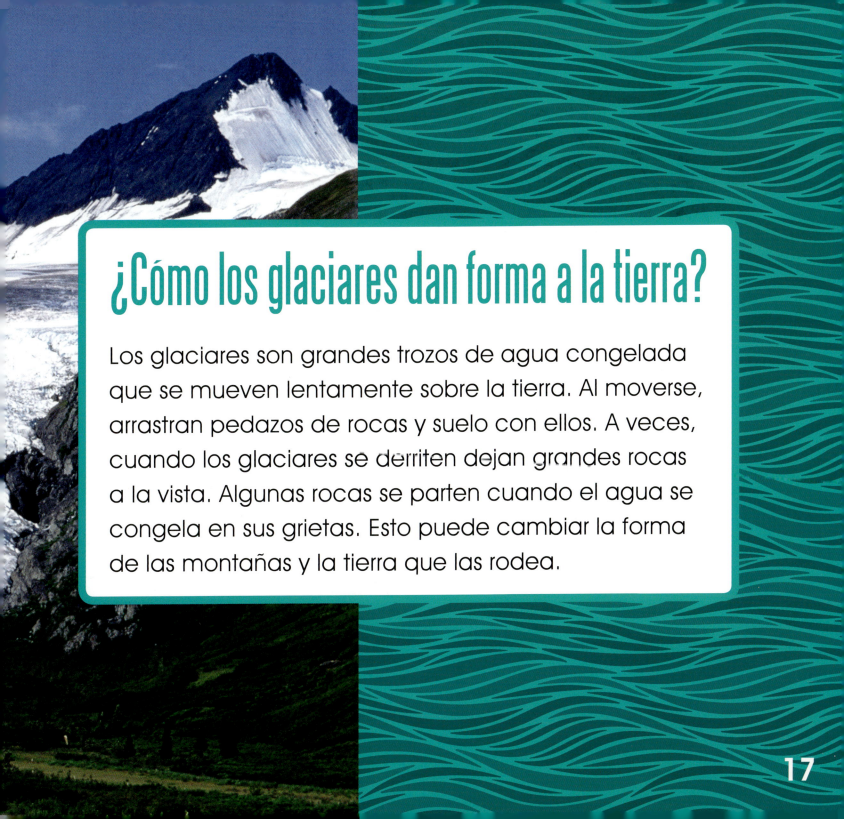

¿Cómo los glaciares dan forma a la tierra?

Los glaciares son grandes trozos de agua congelada que se mueven lentamente sobre la tierra. Al moverse, arrastran pedazos de rocas y suelo con ellos. A veces, cuando los glaciares se derriten dejan grandes rocas a la vista. Algunas rocas se parten cuando el agua se congela en sus grietas. Esto puede cambiar la forma de las montañas y la tierra que las rodea.

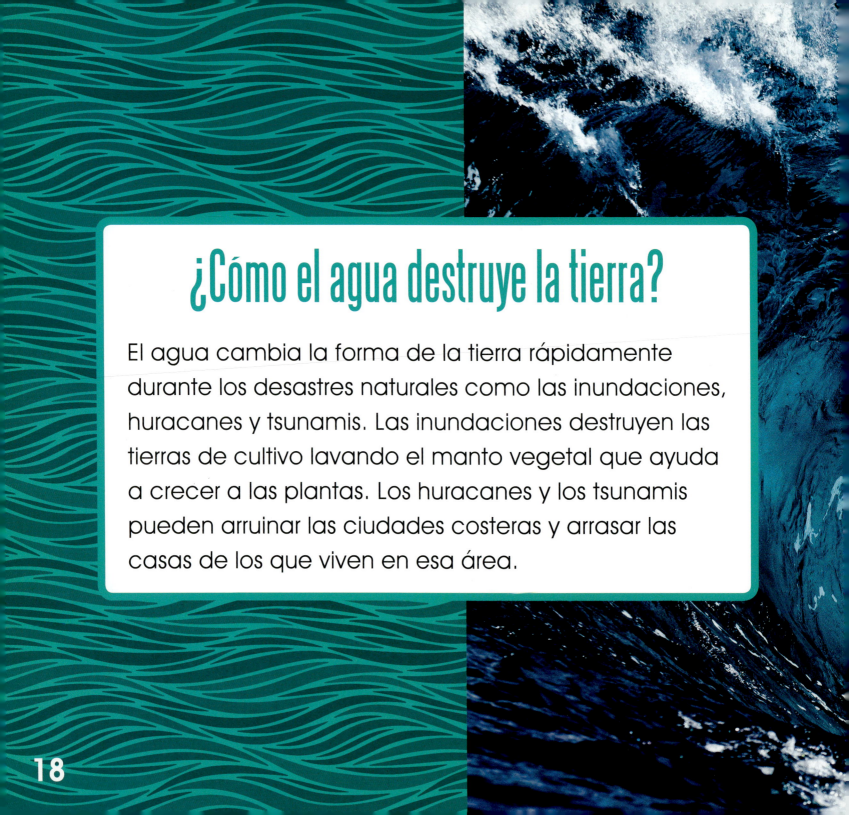

¿Cómo el agua destruye la tierra?

El agua cambia la forma de la tierra rápidamente durante los desastres naturales como las inundaciones, huracanes y tsunamis. Las inundaciones destruyen las tierras de cultivo lavando el manto vegetal que ayuda a crecer a las plantas. Los huracanes y los tsunamis pueden arruinar las ciudades costeras y arrasar las casas de los que viven en esa área.

19

¿Cómo la gente puede afectar el agua?

Las raíces de los árboles y plantas mantienen el suelo en su lugar. Se pueden plantar árboles para evitar que el agua deslave el suelo. También se puede aprovechar el agua. Se pueden construir diques que ayuden a detener el flujo de un río o corriente de agua. Los diques usan la energía del agua para generar electricidad para los hogares.

DATOS SOBRE EL AGUA

Estas páginas contienen más detalles sobre los interesantes datos de este libro. Están dirigidas a los adultos para que ayuden a los jóvenes lectores a redondear sus conocimientos sobre cada fenómeno natural presentado en la serie *Los niños y la ciencia: Los cambios de la Tierra*.

Páginas 4–5

¿Cómo el agua da forma a la Tierra? La superficie terrestre cambia constantemente. Las fuerzas superficiales y subterráneas modifican las tierras. El agua es una de las fuerzas más poderosas del planeta. Es una de las principales causas de la meteorización y la erosión. La meteorización es un proceso de descomposición de las rocas, mientras que la erosión transporta estos trozos de rocas a otros lugares. La lluvia, los ríos y las olas oceánicas contribuyen a la meteorización y la erosión que, con el tiempo, van transformando las costas, montañas y demás formas terrestres.

Páginas 6–7

¿Dónde se encuentra el agua? Aproximadamente el 70 por ciento de la superficie terrestre está cubierto por agua. El agua salada de los océanos representa casi el 97 por ciento del agua de la Tierra. Otro 2 por ciento está compuesto por los glaciares y las capas de hielo. El 1 por ciento restante es agua dulce que está por debajo de la tierra y en los lagos, ríos y arroyos de la superficie.

Páginas 8–9

¿Qué es el ciclo del agua? El ciclo del agua es el proceso por el cual el agua cambia de estado y se traslada de un lado a otro. El agua pasa de estado líquido a gaseoso cuando el sol calienta la superficie de una masa de agua. Este gas, llamado vapor de agua, asciende con el aire cálido. Cuando el vapor se encuentra con aire más frío, o cuando la cantidad de vapor es demasiado pesada para que el aire la soporte, se condensa y vuelve a su estado líquido o sólido. El agua regresa a la tierra en forma de lluvia o nieve. Esta precipitación ayuda a reponer el agua de los lagos, ríos y las aguas subterráneas.

Páginas 10–11

¿Cómo el agua esculpe la tierra? Los ríos levantan partículas del suelo, piedras y rocas del fondo del río y las transporta corriente abajo. Este material se llama sedimento. Cuando un río fluye, el sedimento va desgastando los bancos y el lecho del río, modificando su forma. Cuanto más rápido corre un río, más sedimentos lleva. Luego, los ríos depositan los sedimentos en otros lugares. A medida que la corriente del río disminuye su velocidad, va dejando trozos de sedimento hasta dejar en el agua solo las partículas más pequeñas de sedimento. El sedimento suele acumularse en los bancos de los ríos, los deltas y en el fondo de las cataratas.

¿Cómo las olas dan forma a la tierra?

La erosión costera es provocada por fuerzas físicas y químicas que descomponen y erosionan la roca. Cuando las olas chocan contra la costa, las rocas y la arena que trae el agua van puliendo la superficie de los acantilados. Algunas aguas oceánicas contienen ácidos que pueden descomponer rocas como la roca caliza y la tiza. Con el tiempo, estos procesos van formando acantilados, cuevas y pilares marinos. La costa se retrotrae a medida que las olas se van llevando sus trozos.

¿Cómo los saltos de agua dan forma a la tierra?

Los saltos de agua se forman cuando el agua fluye sobre la roca blanda, la erosiona y deja un precipicio de roca dura. Hay dos tipos de saltos de agua: las cataratas y las cascadas. Una catarata es un salto de agua muy alto con un gran volumen de agua que fluye y cae por su precipicio. El Salto Ángel, en Venezuela, es la catarata más alta del mundo. La pequeña corriente del río Churún cae 3.212 pies (979 metros) por la cara de un acantilado. Las cascadas se forman cuando un río desciende suavemente por una ladera haciendo que el agua vaya saltando entre las rocas.

¿Cómo los glaciares dan forma a la tierra?

El término glaciar viene de la palabra francesa "glace", que significa helado. La gravedad empuja el pesado hielo por las laderas de la montaña y los valles. Cada parte del glaciar se mueve a velocidades diferentes. Esto genera una tensión en el glaciar que fractura el hielo superior. La mayoría de los glaciares se mueven menos de 2 pulgadas por día (3-4 centímetros). Los ríos de hielo que se mueven más rápido, llamados glaciares galopantes, avanzan hasta 160 pies (50 metros) por día.

¿Cómo el agua destruye la tierra?

Los huracanes son tormentas circulares que se forman sobre áreas cálidas del océano. Los huracanes traen lluvias intensas, olas muy altas y vientos extremos que superan las 150 millas (240 kilómetros) por hora. Los tsunamis son olas oceánicas gigantes que suelen ser provocadas por terremotos o erupciones volcánicas. Uno de los tsunamis más terribles de la historia se originó cerca de Sumatra, Indonesia, en diciembre de 2004. Este tsunami mató a más de 200.000 personas.

¿Cómo la gente afecta al agua?

Plantar árboles y otra vegetación puede proteger al suelo de los efectos erosivos de las inundaciones. Pero no todas las inundaciones son malas para el suelo. El agua de las inundaciones puede depositar en el suelo nutrientes, minerales y otras materias orgánicas beneficiosas para los cultivos. Antes de la construcción de la Presa de Asuán, el río Nilo de Egipto inundaba las planicies cercanas todas las primaveras. Los egipcios esperaban estas inundaciones anuales para enriquecer el suelo y regar sus cultivos.

¡Visita www.av2books.com para disfrutar de tu libro interactivo de inglés y español!

Check out www.av2books.com for your interactive English and Spanish ebook!

1 **Entra en www.av2books.com**
Go to www.av2books.com

2 **Ingresa tu código**
Enter book code

C 272775

3 **¡Alimenta tu imaginación en línea!**
Fuel your imagination online!

www.av2books.com

Published by AV² by Weigl
350 5th Avenue, 59th Floor New York, NY 10118
Website: www.av2books.com   www.weigl.com

Copyright ©2016 AV² by Weigl

All rights reserved. No part of this publication may be reproduced, stored in a retrieval system, or transmitted in any form or by any means, electronic, mechanical, photocopying, recording, or otherwise, without the prior written permission of the publisher.

Library of Congress Control Number: 2014950027

ISBN 978-1-4896-2742-1 (hardcover)
ISBN 978-1-4896-2743-8 (single-user eBook)
ISBN 978-1-4896-2744-5 (multi-user eBook)

Printed in the United States of America in North Mankato, Minnesota
1 2 3 4 5 6 7 8 9 0 18 17 16 15 14

112014
WEP020914

Project Coordinator: Jared Siemens
Spanish Editor: Translation Cloud LLC
Designer: Mandy Christiansen

Every reasonable effort has been made to trace ownership and to obtain permission to reprint copyright material. The publishers would be pleased to have any errors or omissions brought to their attention so that they may be corrected in subsequent printings.

Weigl acknowledges Getty Images as the primary image supplier for this title.